INDICATIONS GÉNÉRALES

POUR

LA MISE EN SCÈNE

DE

HENRI III ET SA COUR,

Drame historique en cinq actes, en prose,

DE M. ALEXANDRE DUMAS;

PAR M. ALBERTIN,

DIRECTEUR DE LA SCÈNE PRÈS LE THÉATRE-FRANÇAIS.

HENRI III ET SA COUR.

Drame historique de M. Alexandre Dumas.
Décorations de M. Cicéri.
Costumes de M. Duponchel.
Mise en scène de M. Albertin.

Prix : 5 fr.

Chez MM. { Vezard et Compagnie, Libraires-Éditeurs, passage Choiseul, nᵒˢ 44 et 46 ;
Barba, Libraire, Palais-Royal ;
Les Correspondans des théâtres.

IMPRIMERIE DE E. DUVERGER,
RUE DE VERNEUIL, Nᵒ 4.

HENRI III ET SA COUR,

Drame historique en cinq actes.

Représenté pour la première fois, sur le Théâtre-Français,
le 11 février 1829,

RÉGIE.

Durée, 3 heures.

Le n° 1 tient toujours la droite de l'acteur.

La rampe est levée à tous les actes.

Au quatrième acte, la première coulisse à gauche, où se trouve placée
une grande fenêtre, doit être éclairée avec des verres bleus.

PERSONNAGES.	ACTEURS.
	MM.
HENRI III, roi de France.	MICHELOT.
HENRI DE LORRAINE, duc de Guise.	JOANNY.
PAUL ESTUERT, comte de Saint-Mégrin,	FIRMIN.
NOGARET DE LAVALETTE, baron d'Épernon,	MARIUS.
ANNE D'ARQUES, vicomte de Joyeuse,	SAMSON.
SAINT-LUC.	BOUCHET.
BUSSY D'AMBOISE, favori du duc d'Anjou.	DELAFOSSE.
BALZAC D'ENTRAGUES (plus souvent appelé Antraguet.)	DU MILATRE.
COME RUGGIERI, astrologue.	SAINT-AULAIRE.
SAINT-PAUL, aide-de-camp du duc de Guise.	MONTIGNY.
BUSSY-LECLERC, procureur.	ARMAND DAILLY.
LACHAPELLE-MARTEAU, maître des comptes.	FAURE.
CRUCÉ, ligueur.	GUIAUD.
BRIGARD, boutiquier (rôle muet).	
GEORGES, domestique de Saint-Mégrin.	CAMILLE.
DUHALD, officier de la maison du roi.	LAINÉ.
	Mmes.
CATHERINE DE CLÈVES, duchesse de Guise.	MARS.
CATHERINE DE MÉDICIS, reine-mère.	LEVERD.
MADAME DE COSSÉ,	HERVEY.
MARIE,	BOURBIER.
ARTHUR, page de Mme la duchesse de Guise.	DESPRÉAUX.
PAGE DE D'ENTRAGUES.	DELPHINE.

Les accolades groupent : PAUL ESTUERT, NOGARET DE LAVALETTE, ANNE D'ARQUES — *Favoris du roi.* ; MADAME DE COSSÉ, MARIE — *Femmes de Mme la duchesse de Guise.*

SIX PAGES DU ROI.

QUATRE PAGES DU DUC DE GUISE.

TROIS PAGES DES TROIS FAVORIS.

HUIT SEIGNEURS DE LA COUR.

QUATRE HUISSIERS.

DEUX GARDES SUISSES.

DEUX HALLEBARDIERS.

(Dimanche et lundi 20 et 21 juillet 1578.)

COSTUMES.

HENRI III (27 ans). Toquet de velours noir orné d'une plaque en perles, pierreries et plumes blanches. Col blanc à l'italienne. Boucles d'oreilles à poires. Cheveux très courts. Barbe et moustaches. Pourpoint, trousse, haut-de-chausses en gros de Naples violet, manteau de velours violet, brodé en or. Le pourpoint très long et le manteau très court. Bas de soie violets. Souliers violets couverts avec des tailladures blanches. L'ordre du Saint-Esprit pendu par un ruban bleu, et brodé sur le manteau. Une épée.

LE DUC DE GUISE (31 ans). 1er Costume. (Voir la coiffure du roi.) Boucles d'oreilles à poires. Fraise blanche. Manteau de drap gris brodé or, doublé en soie cramoisie. Pourpoint et trousse en ras de castor vert ramagé or. Culottes de drap gris, bas et jarretières de peau couleur de chamois. Souliers chamois à éperons. Une épée.

2e Costume. Casque, dit salade, doré ; un paquet de plumes blanches derrière. (Le premier page porte ce casque au 2e acte.) Cuirasse en carton couleur de fer, damasquinée en or, brassards et cuissards de même. Culottes très amples en ras de castor violet orné or. Bas de soie violets. Souliers en étoffe gris de fer. Éperons. Un poignard placé transversalement sur la hanche droite. Une épée. Une ceinture en soie verte, frange en soie. Gantelets de fer.

SAINT-MÉGRIN (22 ans). Toquet de velours noir. (Voir celui du roi.) Col blanc à l'italienne. Boucles d'oreilles à poires. Deux rangs de grosses chaines en or. Pourpoint, trousse et culotte en ras de castor gris doublés en satin violet brodés en point d'Espagne en or. Manteau en ras de castor violet, même broderie. Bas violet clair. Un poignard attaché devant, un peu à droite. Épée de l'époque.

D'EPERNON (25 ans). Même costume. Fraise blanche. Pourpoint culottes et bas couleur : bouton d'or. Manteau en ras de castor bleu doublé en satin, bouton d'or.

JOYEUSE (23 ans). Même costume. Pourpoint de satin blanc avec tailladures rose foncé. Manteau de velours noir brodé argent, doublé de satin, bouton d'or.

SAINT-LUC (20 ans). Même costume. Pourpoint haut-de-chausses bleu de ciel, garnis de point d'Espagne en tresses d'argent. Manteau de velours noir, doublé blanc.

BUSSY D'AMBOISE (28 ans). Même costume, en ras de castor noisette. Manteau couleur sang de bœuf. Broderies en points d'Espagne en or.

D'ANTRAGUET (26 ans). Même costume, en ras de castor tabac d'Espagne, doublé en satin de même couleur, garni de point d'Espagne or. Manteau de même.

RUGGIERI (50 ans). Aumônière ou calotte de velours noir. Cheveux et barbe gris-blanc. Robe de dessous en satin noir. Robe de dessus en velours noir. Ceinture en parchemin blanc couverte de signes astrologiques.

SAINT-PAUL (22 ans). Casque, dit salade, bronzé. Fraise blanche. Gillet en ras de castor chamois. Manches garnies de point d'Espagne en or. Culottes bleues garnies de deux tresses en or sur le côté. Bas de coton vert. Souliers chamois. Cuirasse en carton couleur de fer. Longue épée à poignée de l'époque.

BUSSY-LECLERC (42 ans). Pourpoint et culottes en satin noir. Manteau en drap noir. La double croix de Lorraine. Fraise à l'italienne.

LACHAPELLE-MARTEAU. (50 ans). Grande robe moitié violete et moitié rouge, parementée sur le devant avec une bande ras de castor jaune. Bonnet carré. La croix de Lorraine sur la robe.

CRUCÉ. (45 ans). Chapeau pointu rabattu. Fraise à

l'italienne. Pourpoint trousse et culottes en drap verd clair uni. Manteau brun uni. Bas bleus. Sur le devant du chapeau la double croix de Lorraine. Un poignard à la ceinture.

BRIGARD. Même costume. Couleurs à volonté.

GEORGES. (40 ans). Pourpoint, trousse et culottes en drap brun. Cape longue en drap vert. Cheveux gris.

DUHALD. Costume du temps, brun, brodé or.

LA DUCHESSE DE GUISE (34 ans). Cheveux relevés en racines droites à la Marie Stuart; grande fraise à la Médicis. Corsage de dessous en tissu d'or, orné de perles et de pierreries. Corsage de dessus et fourreau en satin blanc, brodés or. Manches à bandes de même.

CATHERINE DE MÉDICIS (52 ans). Costume des veuves à la fin du 16e siècle. Bonnet à la Marie Stuart se terminant en mantelet en crêpe noir. Corsage montant en velours noir avec col blanc rabattu. Manches et fourreau de satin noir damassé en ramage.

M DE COSSÉ (60 ans). Bonnet à la Marie Stuart en velours noir brodé or. Corsage, robe à manches en soie brune. Broderie à brandebourg en or le long du corsage.

MARIE. (20 ans). Coiffure en cheveux roulés et garnis de perles et d'étoiles en pierreries. Robe de satin bouton d'or, garnie de perles et de pierreries, manches de même étoffe quadrillées en perles, nouées avec des pierres de couleur. Chaîne de perles.

ARTHUR. (14 ans). Toquet en velours noir garni de perles. Fraise blanche. Pourpoint et trousse en ras de castor gris garnis de galons or et argent et de bandes en satin cramoisi. Pantalon de tricot en soie cramoisie.

PAGE D'ANTRAGUET. Toquet noir. Pourpoint et trousse en drap bleu foncé garni en velours et satin bouton d'or. Pantalon de soie blanc.

PAGES DU ROI. Toquets de velours noir garnis de perles et de plumes. Pourpoint, trousses et culottes en ras de castor chamois, garnis sur le devant avec des tresses et des boutons en or. Pourpoint de dessus en ras de castor bleu de ciel, garni en galons de la livrée du roi, bas de soie chamois. Souliers de prunelle blancs.

PAGES DU DUC DE GUISE. (Voir le costume d'Arthur.)

PAGES DES FAVORIS. Toquets de velours noir. Pourpoints et trousses bleu de ciel. Pantalons de tricot blancs.

SEIGNEURS DE LA COUR. Costumes du temps, de diverses couleurs.

HUISSIERS DU CONSEIL. Costumes du temps tout noirs. Chaîne d'argent au col, et baguette noire.

GARDES SUISSES. Chapeaux ronds à grands bords garnis de plumes rouges et blanches. Pourpoints en ras de castor bleu et rouge. Trousses à bandes bleues et rouges. Fond en serge blanche. Un bas bleu et un bas blanc.

HALLEBARDIERS. Chapeaux pointus avec plumet blanc et rouge. Fraises blanches. Pourpoints et trousses en ras de castor orange. Manches en ras de castor violet. Bas gris en coton. Cuirasse en carton couleur de fer.

DECORATIONS.

ACTE PREMIER.

Un grand cabinet de travail chez Côme Ruggieri, tenant trois plans fermés. Une porte au fond donnant sur une antichambre très obscure. A cette porte, en dedans, un gros verrou ou barre en bois. A droite, du 1ᵉʳ au 3ᵉ plan, ainsi que des deux côtés de la porte du fond, des buffets antiques sur lesquels sont peints plusieurs instrumens de physique et de chimie. Aux murs sont appendues deux cartes représentant des figures d'astrologie.

A gauche, du 1ᵉʳ au 2ᵉ plan inclusivement, un encadrement en forme d'alcove pratiqué dans la boiserie, de six pieds en carré, se levant et se baissant à volonté et sans bruit. Deux cartes sont également peintes sur l'encadrement afin de le déguiser. Derrière, une petite alcove. Un sofa ou lit de repos très bas à deux dossiers, sur lequel la duchesse de Guise paraît endormie. Au 3ᵉ plan, à gauche, une porte secrète découpée dans la boiserie.

Sur le buffet antique placé au 1ᵉʳ plan à droite, un miroir de forme ronde placé vis-à-vis et à la hauteur de l'alcove. Un peu sur l'avant-scène, du même côté, une table ronde en bois, une lampe allumée, une sphère, un sablier, de gros livres; au pied de la table, de gros livres amoncelés, un compas, deux tableaux en ardoise chargés de figures astrologiques, un fauteuil.

Nota. Le sofa, ou lit de repos, s'avance doucement au moyen de deux fils de renvoi mus par un contrepoids guidé à la main, ou, plus simplement, au moyen d'un fourchon à deux dents en fer, placé derrière le lit et qui peut le faire avancer à volonté.

ACTE II.

GRANDE SALLE DU CONSEIL DU LOUVRE.

Cinq plans de profondeur. Une grande porte dans le fond. Une porte de chambre au 4ᵉ plan à droite. Au 1ᵉʳ plan à gauche, une très haute fenêtre. Une porte de chambre au 4ᵉ plan, et une fausse porte de sortie au 5ᵉ plan.

A la droite du 2ᵉ plan, en avant, deux grands fauteuils placés en oblique pour le roi et la reine-mère. Vis-à-vis, au 1ᵉʳ plan, à gauche en avant de la fenêtre, une table carrée couverte d'un tapis de velours frangé or ; deux chaises.

ACTE III.

L'ORATOIRE DE Mᵐᵉ LA DUCHESSE DE GUISE.

Chambre fermée de trois plans de profondeur. Dans le fond, au milieu et à la place de la porte, une espèce de buffet recouvert d'un tapis blanc bordé d'une large dentelle blanche ; trois vases de fleurs : au-dessus un tableau représentant un sujet de religion. Ces objets sont peints.

Au coin du fond, à droite, une petite porte. Des deux côtés du buffet, une petite table couverte d'un tapis riche.

A droite, au 1ᵉʳ plan, une porte garnie d'un rideau ou portière, monté sur une tringle. Cette porte conduit à la chambre de la duchesse.

A u 2ᵉ plan, une porte seulement indiquée par la peinture. A gauche, au 2ᵉ plan, une porte d'entrée. Aux deux côtés de l'avant scène une table couverte d'un riche tapis de l'époque. Dessus la première, à droite, une écritoire, du papier, des plumes, un cachet, de la cire molle ; un plateau d'argent sur lequel sont une coupe, une aiguière, un flacon antique en argent. Un fauteuil à côté de la table. En avant de la table un petit tabouret pour le page Sur la seconde table à gauche, un vase d'argent antique sur son plateau en argent, un masque, un domino, deux flambeaux, un livre. Deux chaises pour mesdames de Cossé et Marie.

ACTE IV.

SALLE DU CONSEIL.

(MÊME DÉCORATION QU'AU DEUXIÈME ACTE.)

A droite, deux grands fauteuils couverts d'une chemise en velours cramoisi broché et frangé or ; ils sont placés sur un gradin ayant trois marches : sur la première, à la droite du roi, un tabouret couvert en velours cramoisi pour Saint-Mégrin. Des deux côtés des fauteuils du roi et de la reine, sont des tabourets pour les favoris et les seigneurs de la cour.

A gauche, entre le 1ᵉʳ et le 2ᵉ plan, en avant de la fenêtre, une table couverte d'un riche tapis, une écritoire, du papier, des plumes. La salle est éclairée par des girandoles à quatre branches attachées à chacun des châssis de coulisses ainsi qu'aux pilastres du fond.

ACTE V.

SALON FERMÉ, DE TROIS PLANS DE PROFONDEUR.

Dans le fond en remplacement de la porte, une haute cheminée d'une riche sculpture, sous le manteau de laquelle sont quatre rangées de vases de fleurs.

Des deux côtés de la cheminée, un petit meuble antique. Tout ce fond est peint. En avant du meuble qui est à droite, une table couverte d'un tapis. Une lampe à trois becs allumée. A deux pieds en avant de la table, un fauteuil.

Au premier plan, à droite, une fenêtre avec une coudière en forme de balcon orné de balustres en pierre. La fenêtre donne sur la cour de l'hôtel de Guise.

Au 1ᵉʳ plan, à gauche, une grande porte d'entrée fer—

mant en dehors avec une serrure et en dedans avec un verrou ou barre en bois glissant sur trois tenons en fer, dans lesquels le bras puisse passer et remplacer la barre. Un fauteuil du même côté près de l'avant-scène.

Nota. Chacune des décorations des 1er, 3me et 5me actes ayant trois plans de profondeur, peut se composer d'une grande ferme dont les à côtés, montés à charnières, devront se replier sur le fond et s'ouvriront de même, pour être mis en place dans le grand décor des 2me et 4me actes. Ces trois décors n'ont pas besoin de plafonds. Au 1er acte, avoir le soin de faire descendre, au 4me plan, un fond qu'il ne faudra pas éclairer, afin d'indiquer l'antichambre obscure de l'astrologue.

ACCESSOIRES.

ACTE PREMIER.

Scène première. Une table ronde, un fauteuil, une lampe allumée, écritoire, plumes, papier, une sphère, un sablier, un flacon; à terre près de la table, des livres amoncelés, des ardoises sur lesquelles des figures sont dessinées, un demi-masque en velours noir.

Scène II. Rien.

Scène III. Deux sarbacanes, des dragées, une bourse, du papier, de l'encre.

Scène IV. Une chaine, un flacon.

Scène V. Un mouchoir brodé or, aux armes de la duchesse.

Scène VI. Rien.

Scène VII. Une bourse et des perles pour le duc de Guise, quatre listes de ligueurs.

Scène VIII. Le mouchoir brodé.

ACTE II.

Scène première. Deux fauteuils, une table, deux chaises, deux fleurets boutonnés, deux gants d'armes, deux poignards, deux sarbacanes, un jeu d'échecs, un bilboquet.

Scène II. Rien.

Scène III. Une chaine d'or, des pendans d'oreilles, un flacon.

Scène IV. Une sarbacane.

Scène V. Une lettre écrite.

ACTE III.

SCÈNE PREMIÈRE. Deux tables, un fauteuil, un tabouret, deux chaises, deux chandeliers, une coupe, une aiguière et un flacon en faïence bleue sur un plateau, un second vase sur un plateau, un domino noir, un demi-masque en velours, un livre, des fleurs.

SCÈNES II, III et IV. Rien.

SCÈNE V. Une coupe, un petit flacon, une écritoire, encre, plumes et papier, un gros cachet, de la cire molle aux deux bouts d'un petit ruban vert qui sert à sceller la lettre, une clef.

ACTE IV.

SCÈNE PREMIÈRE. Une table à gauche, deux chaises, sur la table une écritoire, plumes et grand papier, une lettre écrite, une clef pour le page.

SCÈNES II, III, IV, V, VI. Rien.

SCÈNE VII. Une relique pour le roi, deux épées émoussées; une grosse cloche sonne 12 coups.

SCÈNE VIII. Rien.

ACTE V.

SCÈNE PREMIÈRE. Minuit sonne; sur une table dans le fond à droite, une lampe allumée, un fauteuil en avant de cette table à côté de la première coulisse, à gauche.

SCÈNE. II. Une clef, un bouquet de fleurs fanées, un paquet de cordes auquel est attaché avec une épingle un billet, un mouchoir aux armes de la duchesse.

MISE EN SCÈNE.

ACTE PREMIER.

SCÈNE PREMIÈRE.

Ruggieri seul, un genou à terre, un livre d'astrologie ouvert devant lui; il y mesure des figures avec un compas.

A ces mots : *Se brisait d l'homme...*, Catherine de Médicis entre par une porte secrète à gauche. Elle ôte son demi-masque noir, tandis que Ruggieri ouvre un autre volume, paraît comparer, et s'écrie : *Le doute partout!...* La reine se baisse un peu, en prononçant pour la deuxième fois : *Mon père !*

N° 1 RUGGIERI, 2 CATHERINE.

RUGGIERI.

A ces mots : *Il ne faut qu'appuyer sur un ressort caché dans les ornemens de ce miroir magique.....* il pa   à la droite, et touche un bouton sur le miroir qui est peint du même côté, vis-à-vis de l'alcove à coulisses. L'alcove s'ouvre de bas en haut, et l'on voit la duchesse de Guise endormie. La boiserie se ferme aussitôt.

A ces mots : *Dieu soit avec tous, mon père,* Catherine remet son masque et sort par la porte secrète. Ruggieri l'accompagne.

SCÈNE II.

**N° 1 RUGGIERI , 2 LA DUCHESSE endormie. On ne la
voit pas.**

A ces mots : *Qui me sont si nécessaires,* Ruggieri écoute, et
dit : *J'entends quelqu'un ; ce sont eux.*

A ces mots : *Mes petits gentilhommes... on y va,* il ouvre
la porte du fond en retirant une barre de bois.

SCÈNE III.

**1 JOYEUSE , 2 D'ÉPERNON , 3 RUGGIERI , 4 SAINT-
MÉGRIN.**

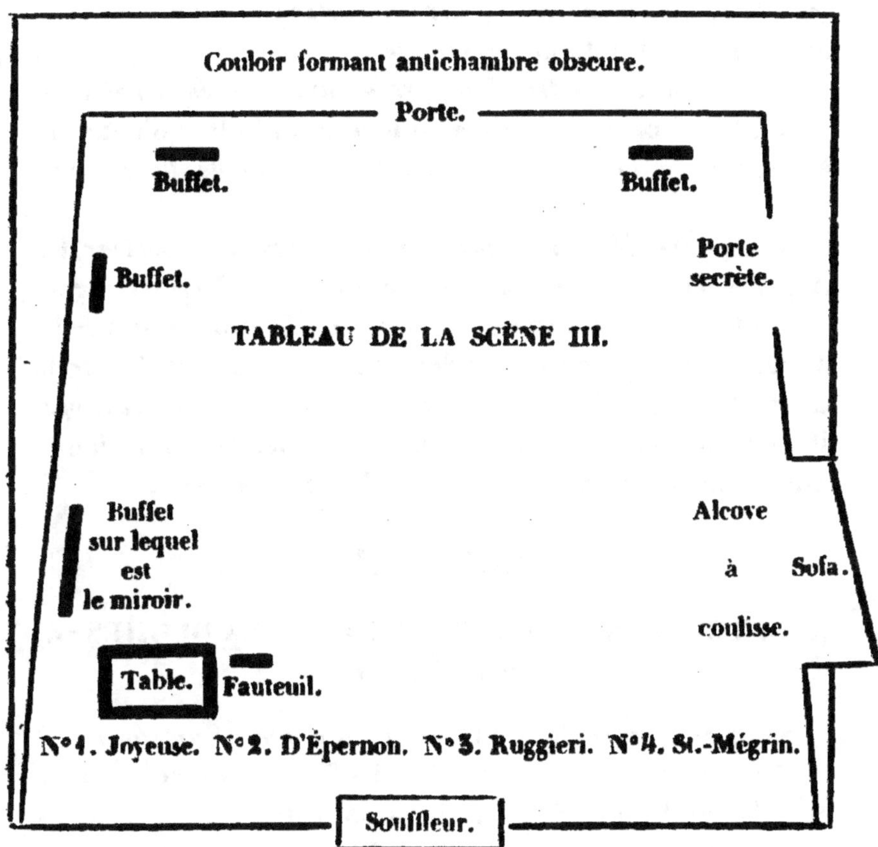

Joyeuse et d'Épernon ont chacun une sarbacane à la main. Joyeuse entre appuyé sur la sienne et sur le bras de Saint-Mégrin.

A ces mots : *vous savez ce qui nous amène. Oui !* d'Épernon et Saint-Mégrin se rapprochent de Ruggieri. Joyeuse s'étend nonchalamment dans un fauteuil.

JOYEUSE.

A ces mots : *Un instant, tête Dieu !... Venez ici, mon père.* Ruggieri passe au n° 2.

A ces mots : *Et maintenant à vous, Anne d'Arques,* Ruggieri se retourne vers Joyeuse, en prononçant ces mots : *Et de mon épée, mon père, nous y arriverons.* Joyeuse se lève vivement, puis il lui donne sa bourse.

A ces mots : *Vive Dieu ! un procureur....Tu es de bon conseil,* d'Épernon va à la table où il écrit un billet qu'il donne à Ruggieri. en disant : *Tiens.... voilà un bon de dix écus nobles roses.*

A ces mots : *Nous ne trouverions plus de chaises à porteur,* les trois favoris remontent la scène pour sortir; Ruggieri arrête Saint-Mégrin. A ces mots : *Joyeuse, d'Épernon, laissez-moi,* Joyeuse vient prendre sa sarbacane qu'il avait placée sur la table. A ces mots: *Nous te ferons bonne garde pendant ce temps,* ils sortent doucement en se disant des plaisanteries. Saint-Mégrin les accompagne et pousse la porte sur eux.

SCÈNE IV

N° 1 RUGGIERRI, 2 SAINT-MÉGRIN, 3 LA DUCHESSE, derrière l'alcove.

Saint-Mégrin revient en disant : *Mon père... un seul mot..* A ces mots : *Je suis riche...* il lui offre sa bourse. *Tout ce que j'ai est à vous. Cet or...* il va pour détacher les chaines d'or qu'il a au cou. A ces mots : *D'un homme vivant encore,* il fait le mouvement pour relever sa manche au-dessus du poignet. A ces mots : *Eh bien! viens et regarde dans cette glace...* Ruggieri le conduit auprès du miroir. A ces mots : *Elle, mon père!... elle...,* l'alcove s'ouvre derrière lui et laisse apercevoir la duchesse de Guise endormie sur un petit lit de repos. A ces mots : *Dieu! vrai Dieu! c'est elle...* l'alcove se referme vite, mais sans bruit. Avant ces mots : *Prends ce flacon,* Ruggierri prend le flacon sur sa table et le remet à Saint-Mégrin. A ces mots : *Je vous le jure!...* Ruggieri conduit Saint-Mégrin vers la table, et lui fait jeter les yeux sur un livre, en lui disant : *Eh bien! lis...* Tandis que Saint-Mégrin parcourt quelques lignes du livre ouvert par Ruggieri, l'alcove s'ouvre derrière lui, le sofa s'avance doucement à deux pieds de l'alcove qui se refermesans bruit. (Le sofa est placé en oblique.) Ruggieri dit : *Regarde,* et sort par la porte secrète à gauche.

SCÈNE V.

N° 1 SAINT-MÉGRIN, 2 LA DUCHESSE.

A ces mots : *C'est elle!... la voilà...* Saint-Mégrin fait vivement deux pas en avant, puis s'arrête tout à coup. A ces mots : *Ma tête est perdue!* il met un genoux en terre et fait respirer le flacon à Catherine. A ces mots : *Ah! que je suis faible...* la duchesse soulève sa tête et appuie sa main droite sur l'épaule de Saint-Mégrin. Au moment où elle l'aperçoit, elle lui dit avec calme et douceur : *Ah! c'est vous, comte?* Après ces mots, elle lui tend la main. A ces mots : *Car il y a bien du bonheur à l'entendre,* la duchesse s'assied sur le sofa. A ces mots : *Aurais-je dit que je vous aimais?* elle se lève vivement, et laisse son mouchoir au pied du sofa. A ces mots : *Mais comment se fait-il que je sois ici?...* elle remonte la scène en regardant à droite et à gauche. La duchesse passe au n° 1. Saint-Mégrin 2. A ces mots : *J'en crois vos premières paroles, j'en crois...* on entend du bruit derrière la porte du fond. A ces mots : *Où fuir? où me cacher ?* Saint-Mégrin court vers la porte du fond pour la fermer avec la barre qui sert de verrou. La duchesse va pour l'arrêter, pensant qu'il a l'intention d'ouvrir, en disant: *Arrêtez, Monsieur, au nom du ciel! vous me perdez...* Pendant ce temps Ruggieri entre par la porte secrète à gauche, sans être vu de Saint-Mégrin, et prenant la duchesse par la main, il lui dit: *Silence, Madame, suivez-moi...* La duchesse s'élance la première, Ruggieri la suit, et la porte se referme sur eux. A ces mots : *Tout-à-fait agréable,* Saint-Mégrin se retourne et continue, croyant parler à la duchesse; il la cherche avec surprise. A ces mots : *Maintenant, qu'il entre,* il ouvre la porte. A ces mots : *Partons, partons,* Saint-Mégrin, d'Épernon et Joyeuse sortent en riant.

SCÈNE VI.

N° 1 LE DUC DE GUISE seul, puis 2 RUGGIERRI.

A ces mots : *Paierait cher ce soupçon!* Ruggieri entre par le fond.

SCÈNE VII.

N° 1 RUGGIERI, 2 CRUCÉ, 3 LE DUC DE GUISE, puis 4, BUSSY, 5 LA CHAPELLE-MARTEAU, 6 BRIGARD.

NOTE APPROUVÉ PAR L'AUTEUR. Les directeurs dont les troupes seraient insuffisantes pour accomplir la distribution textuelle de l'ouvrage, pourront à la rigueur supprimer les roles de *Bussy Leclerc, Lachappelle Marteau et Brigard.*

A ces mots : *Et la liste...* Crucé remet la liste au duc. *Ah! ah! voilà les camarades,* entrent Bussy-Leclerc, Lachapelle-Marteau et Brigard. Ils ont des listes à la main. Ruggieri, pendant cette scène, est assis dans le fauteil à côté de la table. A ces mots adressés à Crucé: *As-tu fait marcher les boutiquiers?* il faut faire répondre à Lachapelle-Marteau pour Brigard : *Ils ont tous signé.* (Le rôle de Brigard est

alors muet.) A ces mots : *De vous présenter une petite requête.
Laquelle?* Ruggierri se lève et s'avance entre n° 3, le duc
de Guise, et n° 4, Bussy-Leclerc. A ces mots : *Cent vingt
livres tournois... Les voilà*, le duc de Guise sort de sa bourse
des pièces d'or qu'il donne à Ruggieri. A ces mots : *Oui,
Monseigneur...* ils sortent, Ruggieri le dernier.

SCÈNE VIII.

LE DUC DE GUISE seul, puis SAINT-PAUL.

A ces mots : *N'est-il pas là pour réclamer, à titre de beau-
frère, l'héritage des Valois*, il s'assied sur le sofa où la duchesse a oublié son mouchoir. A ces mots : *La balle d'un
pistolet ou la lame d'un poignard... ah!...* il laisse tomber sa
main gauche avec découragement ; elle se pose sur le mouchoir oublié par la duchesse au pied du sofa. Après ces
mots : *Et lui... lui...* appelant *Saint-Paul,* Saint-Paul entre
vivement.

FIN DU PREMIER ACTE.

ACTE DEUXIÈME.

SALLE DU CONSEIL DU LOUVRE.

A droite, deux fauteuils placés obliquement pour le roi et la reine-mère. Au lever du rideau, Joyeuse est nonchalamment étendu sur le premier fauteuil à droite ; Saint-Mégrin est debout appuyé sur le dossier de l'autre. Du côté opposé, d'Épernon est assis à une table sur laquelle est un tapis de velours cramoisi. Il a les yeux fixés sur un échiquier. Au fond, Saint-Luc fait des armes avec Duhald. Chacun d'eux a un page à ses couleurs près de lui.

SCÈNE PREMIÈRE.

N. 1 JOYEUSE, 2 SAINT-MÉGRIN, 3 D'ÉPERNON, SAINT-LUC, dans le fond.

A ces mots : *Tire d'Épernon d'embarras... Soit*, Saint-Luc vient se placer à la table et joue avec d'Épernon, quelques seigneurs s'approchent d'eux. (N° 3 Saint-Luc, 4 d'Épernon.) Au même instant Joyeuse prend son bilboquet de la main de son page et joue en disant : *Vive Dieu !... Messieurs...*, etc. A ces mots : *Que je voudrai aller au faubourg Saint-Germain*, son bilboquet lui échappe des mains ; il appelle son page qui se trouve à quelques pas de son fauteuil, et lui ordonne de le ramasser, en disant : *Bertrand, mon bilboquet...*

A ces mots : *Vive Dieu !... que l'occasion s'en présente, et de par Saint-Paul de Bordeaux ! je veux hacher tous ces petits princes lorrains comme ce gant*, il tire son poignard, coupe son gant et le jette à terre. A ces mots : *Cela viendra peut-être*, Duhald annonce : *Messieurs, Messieurs... Voilà Bussy...*

SCÈNE II.

Les Précédens, BUSSY D'AMBOISE. (Il entre par la gauche, cinquième plan.)

N° 1 JOYEUSE, 2 SAINT-MÉGRIN, 3 BUSSY, 4 D'ÉPERNON, 5 SAINT-LUC.

A ces mots : *Silence, Saint-Mégrin... le voilà,* Duhald annonce à haute voix : *Le roi.* A ces mots : *Je vais me tenir un peu à l'écart,* Bussy passe à côté de Saint-Luc, et Duhald répète à haute voix : *Le roi, Messieurs, le roi !* Tout le monde se groupe.

SCÈNE III.

Les Précédens, HENRI. (Il entre précédé de quatre de ses pages et suivi des seigneurs de sa cour.

N° 1 JOYEUSE, 2 SAINT-MÉGRIN, 3 HENRI, 4 DÉPERNON, 5 BUSSY, 6 SAINT-LUC.

Duhald, les seigneurs sont à droite ; en avant deux de chaque côté, les quatre pages du roi. Le roi : *Salut, Messieurs... Salut... Villequier ! qu'on prévienne madame ma mère de mon retour.* (Villequier entre dans la chambre à droite.) Avant ces mots : *Mais que vois-je ? vous à ma cour, seigneur de Bussy !* le roi aperçoit Bussy qui est auprès de Saint-Luc. Catherine entre précédée de deux pages du roi, qui se placent à côté des autres. Elle vient à côté du roi à droite. A ces mots : *C'est ce que nous allons savoir,* Henri va s'asseoir, et dit sa mère : *Asseyez-vous, ma mère...* La reine s'assied à la droite du roi.

DEUXIÈME POSITION DE LA SCÈNE III.

N° 1 LA REINE, 2 LE ROI, 3 SAINT-MÉGRIN , 4 JOYEUSE.
5 D'ÉPERNON , 6 BUSSY, 7 SAINT-LUC.

A ces mots: *Seigneur de Bussy, où avez-vous quitté notre frère?*
Bussy s'approche, et dit : *A Paris , Sire.* A ces mots du
roi: *Et pour nous quitter au plustôt*, Bussy retourne à sa place.
(On entend du bruit dans la dernière coulisse à gauche.)
Le roi dit : *Eh bien! qu'y a-t-il?* Le page d'Antraguet entre. A ce mot du roi : *Parlez*, le page s'avance à quelques
pas du fauteuil et met un genou en terre. Après qu'il a parlé.
il se relève et se place au fond à côté d'un huissier. A ces
mots : *Tiens, Joyeuse, tiens*, le roi s'avance en tirant de sa
poitrine un sachet qu'il remet à Joyeuse, en disant : *Voilà
les pendans d'oreilles de Quelus.* A d'Épernon: *D'Épernon, voici
la chaîne d'or de Maugiron.*

A ces mots : *Restez autour de moi, mes amis, et asseyez-
vous...* le roi s'assied', Saint-Luc passe à côté de Joyeuse.
Le roi et la reine seuls sont assis.

TROISIÈME POSITION DE LA SCÈNE III.

N° 1 JOYEUSE, 2 SAINT-LUC, 3 LA REINE, 4 LE ROI, 5 SAINT-
MÉGRIN, appuyé sur le dossier du fauteuil du roi, 6 BUSSY,
7 D'ÉPERNON; à côté les pages du roi ; derrière les pages ,
les seigneurs. Les trois pages des favoris sont derrière
Joyeuse et Saint-Luc.

A ces mots : *Faites entrer,* deux huissiers font entrer
d'Antraguet par la gauche. A sa vue. le roi prend un flacon
dans sa poche et le respire. A ces mots du roi qui est assis :
Approchez, baron, et fléchissez le genou, d'Antraguet s'a-
vance près du roi et met un genou en terre.

A ces mots : *Sire, j'appelle le temps à mon secours ,* d'Antraguet se relève, et va se placer ensuite à gauche.

A ces mots prononcés par le roi : *Et le bien de nos fidèles sujets pourrait en souffrir...* on entend du bruit vers la porte du fond. *D'Antraguet, suivi de son page, va au-de-vant du duc.*

SCÈNE IV.

Les Précédens. LE DUC DE GUISE *entre par le fond; il est précédé de ses pages, dont le premier porte un casque doré, garni de plumes blanches. Les pages se placent à gauche. Saint-Paul et d'Antraguet entrent après le duc qui reste au milieu; ils viennent se placer à la gauche à la suite des pages.*

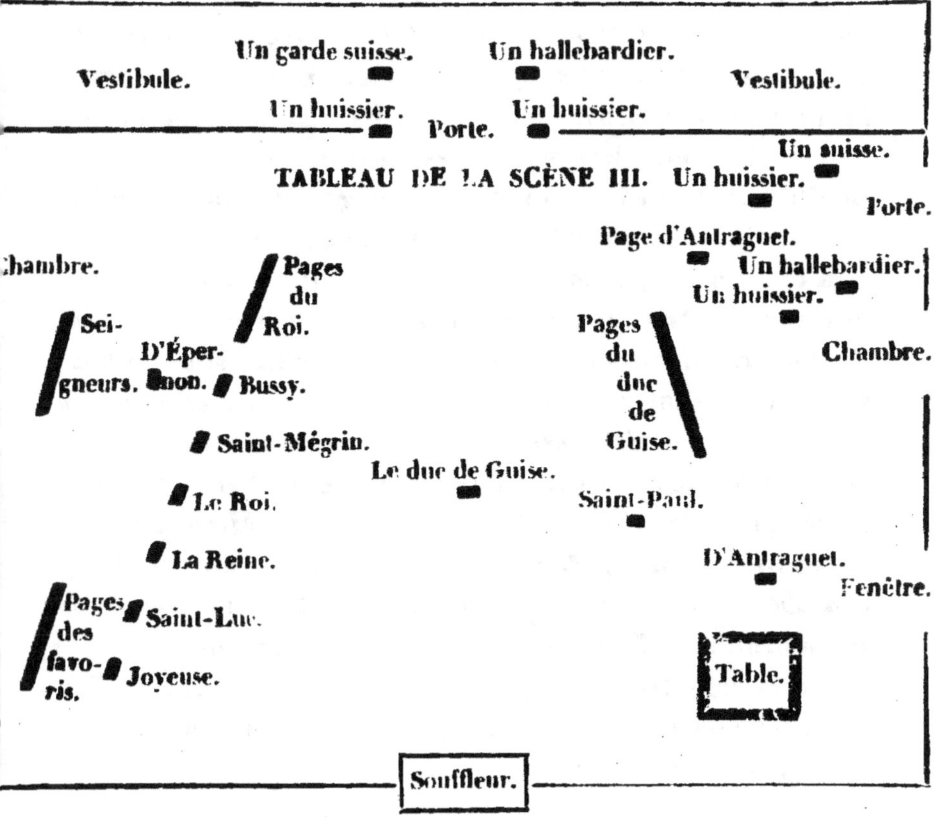

Après que le duc de Guise a dit ces mots : *Et passé sept mille habitans au fil de l'épée*, le roi se lève vivement, et dit avec force et dignité : *Par la mort-dieu ! si ce que vous dites là*, etc.

Après ces mots : *Vous l'entendez, monsieur le duc ?* le roi met sa main sur l'épaule de Saint-Mégrin en signe d'affection, et se rassied. A ces mots : *Lui nommer un chef, Sire,* on entend un murmure parmi les courtisans, et le roi parle bas avec sa mère.

Au moment où le roi dit : *C'est assez nous occuper des affaires de l'État...* Saint-Mégrin passe derrière le roi et la reine, et va se placer entre Joyeuse et Saint-Luc.

A ces mots : *Quand les balles m'arrivent en face, monsieur le comte..* le duc de Guise, surnommé le Balafré, descend sur l'avant-scène et montre sa blessure au front. *Voilà qui fait foi que je ne détourne pas la tête.* Joyeuse, prenant sa sarbacane, dit : *C'est ce que nous allons voir.* Saint-Mégrin lui arrachant la sarbacane, à ces mots : *En aura fait l'expérience,* il lui envoie une dragée au milieu de la poitrine. Le duc, mettant la main sur son poignard, dit : *Malédiction !* Saint-Paul et d'Antraguet le retiennent.

A ces mots : *Que je descende jusqu'à lui....* le roi se lève, et répond : *Non, monsieur le duc,* etc. A ces mots : *Répondez-lui.. car il est votre égal,* le roi se remet sur son fauteuil. A ces mots : *Je veux le défier de manière à ce qu'il s'en suive combat ou déshonneur,* Saint-Mégrin passe de nouveau derrière le siége du roi, et, de la place où il était au commencement de la scène, il dit : *Or, écoutez, Messieurs :* etc. A ces mots : *Moi, Louis de Clermont, seigneur de Bussy d'Amboise* etc., Bussy prononce son défi en tenant sa main droite sur l'épaule gauche de Saint-Mégrin.

Après que Saint-Mégrin a prononcé ces mots : *Et l'on verra celui dont le cœur battra,* le roi se lève en disant : *Assez, Messieurs, assez.*

DEUXIÈME POSITION DE LA SCÈNE IV.

Nº 1 Joyeuse, 2 Saint-Luc, 3 la reine, 4 Saint-Mégrin, 5 le roi, 6 le duc de Guise. (Tous les autres personnages sont un peu plus haut en scène).

A ces mots du roi : *Je vous y convoque tous, Messieurs*, déjà les seigneurs de la cour sortent par la porte du fond, puis à ces mots : *Allez, Messieurs, allez....* les pages du roi suivent les seigneurs de la cour, puis les pages du duc de Guise deux à deux. Le duc de Guise, suivi de d'Antraguet, de Saint-Paul et du page de d'Antraguet, sortent également par le fond. Saint Mégrin, Bussy, Joyeuse et d'Épernon sortent par la porte à gauche, puis les deux huissiers, ainsi que les deux gardes placés en sentinelle à cette porte.

Les portes du fond se referment.

SCÈNE V.

Nº 1 CATHERINE, 2 HENRI.

A ces mots : *Celui-ci en faisait partie*, la reine remet au roi un papier. A ces mots : *Oui, mon fils, passons dans votre oratoire*, ils rentrent dans la chambre à droite.

FIN DU DEUXIÈME ACTE.

ACTE TROISIÈME.

L'ORATOIRE DE LA DUCHESSE DE GUISE.

SCÈNE PREMIÈRE.

N° 1 ARTHUR, 2 MADAME DE COSSÉ, 3 MARIE.

Madame de Cossé arrange un domino noir, assise auprès de la table à gauche. Marie, de l'autre côté de la table, tient un livre ouvert à la main.

Après ces mots : *Quatorze ans, mon beau page, ne vous déplaise....*madame de Cossé et Marie quittent la table. Marie prend à la main son bouquet.

SCÈNE II.

Les Précédens, LA DUCHESSE DE GUISE. (Elle entre par la porte à droite.)

N° 1 ARTHUR, 2 LA DUCHESSE, 3 MADAME DE COSSÉ, 4 MARIE.

Arthur court à la duchesse en disant : *Oh! venez, ma belle cousine et maîtresse.* En prononçant ces mots : *Je vais le chercher,* Arthur entre dans la chambre de la duchesse, et revient en disant : *Je n'ai rien trouvé...* Il vient se placer entre madame de Cossé et Marie jusqu'au moment où la duchesse dit : *Donnez à Arthur, il les lira,* puis il prend les vers des mains de madame de Cossé, et vient s'asseoir sur le petit tabouret devant la table à droite. La duchesse s'assied dans le fauteuil derrière lequel se place Marie.

A ces mots de la duchesse : *Je vous rappellerai si j'ai besoin de vous*, madame de Cossé et Marie sortent par la petite porte du fond à droite. Arthur les accompagne, et revient auprès du fauteuil de la duchesse sur le dossier duquel il s'appuie.

SCÈNE III.

N° 1 LA DUCHESSE, 2 ARTHUR.

A ces mots : *Ne me quitte pas que je ne te l'ordonne,* Arthur repasse à la droite de la duchesse.

SCÈNE IV.

N° 1 ARTHUR, 2 LA DUCHESSE, 3 LE DUC. Il entre par la porte à gauche. (Il a la tête nue.)

A ces mots : *Arthur, éloignez-vous*, Arthur en disant : *J'obéis*, sort par la même porte où sont sorties madame de Cossé et Marie.

SCÈNE V.

N° 1 LA DUCHESSE, 2 LE DUC.

Le duc en disant : *Que vous importe, c'est moi qui dicterai,* passe derrière le fauteuil, et prépare le papier et la plume sur la table qu'il avance; il revient à sa place. La duchesse est droite à côté du fauteuil.

Au moment où le duc dit : *Il suffira que votre écriture soit lisible... Écrivez donc ,* il fait passer la duchesse à la table. La duchesse s'assied avec inquiétude, et dit : *Je suis prête.*

A ces mots de la lettre : *De madame la duchesse de Guise est au second...* La duchesse s'arrête, et dit : *Je n'écrirai pas davantage.* En prononçant ces mots : *Permettez que je me retire...* elle se lève. A ces mots : *En me contraignant à rester..*

le duc la force à s'asseoir, en disant : *Peut-être vous réfléchirez, Madame.*

A ces mots : *Croyez-vous donc que je n'ai que ce moyen ?* La duchesse, *et quel autre ?* le duc s'approche de la table ; il passe n° 1, en tirant un flacon de sa poche, et verse le contenu dans une coupe (simulacre), en prononçant ces paroles : *Aura une vertu que n'ont point mes paroles.* (Il revient n° 2.)

A ces mots : *Oh ! mon Dieu ! mon Dieu !* le duc, lui indiquant la coupe, dit : *Eh bien !* La duchesse se lève en disant : *Henri, au nom du ciel ! je suis innocente* etc., *j'embrasse vos genoux.* Elle se jette aux genoux du duc, et se relève ensuite en disant : *Vous n'avez pas eu cette exécrable idée !*

A ces mots : *Votre sourire m'a tout dit,* elle est droite devant la table, abaisse la tête entre ses mains, et prie. Le duc, après un moment : *Êtes-vous décidée ?* La duchesse se relevant pâle : *Je le suis.* Le duc : *A l'obéissance ?* La duchesse prenant la coupe pour la porter à ses lèvres : *A la mort.* Le duc arrache vivement la coupe au moment où la duchesse la soulève, et, la jetant derrière lui, il dit avec un sentiment d'amertume et de colère concentrée : *Vous l'aimiez bien, madame !...*

A ces mots, la duchesse se rassied en disant : *Malheur ! malheur à moi ! car mes forces sont épuisées.* A ces mots : *D'expirer que de souffrir,* le duc saisit le bras gauche de la duchesse qu'il serre avec son gantelet, en disant : *Écrivez.* La duchesse : *Oh ! laissez-moi.* Le duc : *Écrivez.* La duchesse essayant de dégager son bras : *Vous me faites mal, Henri.* A ces mots : *Je vais mourir,* elle s'évanouit. A ces mots : *Tu l'as permis, ô mon Dieu ! le reste est entre tes mains,* le duc passe n° 1, à la droite de la duchesse, et finit de lui dicter la lettre ; il la plie et la cachète lui-même, après quoi il dit : *L'adresse maintenant.* Pendant que la duchesse écrit, il prend la clef à la serrure et continue : *Et remettez-lui cette lettre et cette clef.* A ces mots : *Et c'est vous qui l'aurez tué, songez-y, Madame,* il se place derrière le rideau, et la duchesse, d'une voix faible, remontant vers la porte au fond, appelle deux fois : *Arthur !... Arthur !...* Lorsque la duchesse dit : *Reviens, Arthur !... Arthur !...* le duc sort de derrière le rideau, et, mettant la main sur la bouche de la duchesse qui tombe dans ses bras en poussant un cri, il dit : *Silence ! Madame.* Le duc entraîne la duchesse dans sa chambre, et ressort aussitôt en refermant la porte dont il a une double clef.

FIN DU TROISIÈME ACTE.

ACTE QUATRIÈME.

LA SALLE DU CONSEIL.

MÊME DÉCORATION QU'AU DEUXIÈME ACTE.

Les fauteuils du roi et de la reine sont élevés sur un gradin de trois marches de hauteur. A droite et à gauche, des tabourets pour les favoris et les seigneurs de la cour. Au 4ᵉ plan, une porte de chambre ; au 1ᵉʳ plan à gauche, une grande fenêtre ouverte. En avant de la fenêtre, une table ; au 3ᵉ plan, la porte de la chambre de Saint-Mégrin.

Les positions sont à peu près les mêmes qu'au 2ᵉ acte. Les variantes seront consécutivement indiquées.

SCÈNE PREMIÈRE.

Nᵒˢ ı ARTHUR, 2 SAINT-MÉGRIN.

Arthur entre et sort par le fond.

SCÈNE II.

SAINT-MÉGRIN , GEORGES.

Georges entre et sort par la porte de la chambre à gauche.

SCÈNE III.

Nᵒˢ ı RUGGIERI, 2 SAINT-MÉGRIN.

Ruggieri entre par la porte du fond, et se dirige du côté de la chambre de la reine à droite.

A ces mots : *Avance avec moi du côté de cette lumière*, il

prend par le bras gauche, et le conduit vers Saint-Mégrin la rampe. En disant ensuite : *Vois-tu cette étoile ?* il le conduit auprès de la fenêtre, sans changer la position en scène. A ces mots : *Et cette étoile, c'est la tienne*, Ruggieri le quitte tout doucement, et entre chez la reine-mère.

SCÈNE IV.

N° 1 JOYEUSE, 2 SAINT-MÉGRIN.

Pendant que Saint-Mégrin dit ces mots : *Mon dieu ! que je ne meure du moins qu'au retour*, Joyeuse entre par le fond. Saint-Mégrin est auprès de la table qui se trouve en avant de la fenêtre. Il contemple les astres, sans se retourner vers Joyeuse qu'au moment où il dit : *Tu as raison... Oui... oui... Je suis un insensé.*

SCÈNE V.

N° 1 SAINT-LUC, 2 D'ÉPERNON, 3 SAINT-MÉGRIN, 4, HENRI, 5 JOYEUSE, 6 BUSSY.

Quatre pages suivent le roi qui entre en parlant à Bussy, à d'Épernon et à Dubald, seigneurs, puis Catherine de Médicis.

Le fauteuil de la reine étant placé à l'avance sur le gradin, le roi, au lieu de dire : *Cimier, faites apporter*, etc., dit : *Cimier, prévenez ma mère que la séance va s'ouvrir. Ah ! auparavant, sur la première marche placez un tabouret pour monsieur le comte de Saint-Mégrin.* Le cimier place le tabouret, et va prévenir la reine. (Il sort à droite par le fond),

A ces mots du roi : *Que notre beau cousin de Guise*, Catherine entre suivie de deux pages du roi qui se placent en avant de la porte du fond, aux deux côtés de laquelle sont un garde-suisse et un hallebardier. Les quatre autres pages du roi sont plus bas, deux à droite et deux à gauche.

A ces mots : *Messieurs prenez vos places. D'Épernon, la tienne est devant cette table...* chacun s'assied. Deux huissiers donnent à d'Épernon tout ce qu'il lui faut pour écrire, et viennent se placer à la porte du fond.

DEUXIÈME POSITION DE LA SCÈNE V.

N° 1 Duhald, 2 Saint-luc, 3 Joyeuse, 4 la reine, 5 le roi, 6 Saint-Mégrin, 7 Bussy. Seigneurs à côté et derrière, 8 D'Épernon, assis à la table à gauche. A droite et à gauche, en oblique, trois pages du roi, deux gardes à la porte du fond. Dans le vestibule, sur un rang, les quatre huissiers.

SCÈNE VI.

Les Précédens, LE DUC DE GUISE, entre précédé de ses pages, dont le premier porte son casque. Il est suivi de Saint-Paul.

N° 8 Le duc de Guise se place au milieu, 9 d'Épernon, 10 Saint-Paul, au coin de l'avant-scène à gauche, les pages du duc se placent en ligne à côté de ceux du roi, près de la table.

A ces mots : *Laisse-moi*, le duc, le poignet droit appuyé sur le coin de la table, dicte l'acte à d'Épernon qui écrit. A ces mots, que Saint-Mégrin prononce à demi voix : *Revêtir un homme d'une pareille puissance !* Le roi dit avec force : *Silence !* On entend un murmure et des chuchottemens parmi les courtisans, et Joyeuse dit : *Mais Sire...* Le roi, une seconde fois et plus fort : *Silence ! Messieurs ; nous désirons, etc.* A ces mots : *Écris, d'Épernon*, le roi se lève sur son trône, et prononce son adhésion à l'acte. A ces mots : *Et, de notre autorité, nous en déclarons le chef*, tableau général de surprise.

Le duc de Guise dans le plus grand étonnement, dit : *Comment !... Le roi*, en descendant de son trône, continue, en disant : *En foi de quoi nous l'avons fait revêtir de notre sceau royal,* il prend la plume, *et avons signé de notre main.* (Il signe, et présente la plume au duc qui se trouve placé entre le roi et la reine-mère. Tout le monde se lève au moment où le roi descend du trône.

DEUXIÈME POSITION DE LA SCÈNE VI.

N° 1 Catherine, 2 le duc, 3 le roi, 4 Saint-Paul. Saint-Luc, Joyeuse, Saint-Mégrin et Bussy sont groupés derrière et rient entre eux du désappointement du duc.

A ces mots : *Que quiconque ne le ferait pas, serait rebelle.* Le roi jette la plume sur la table. Le duc avant d'aller signer, dit avec intention et à demi voix à Catherine : *Oh ! Catherine, Catherine !*

Au moment où le duc de Guise va pour mettre sa signature au dessus de celle du roi, le roi qui suit ses mouvemens, lui dit : *Un peu plus bas, au dessous de moi, mon beau cousin.* (Cette indication et ces mots ne sont pas dans la brochure.) A ces mots : *Vive Dieu! je ne m'attendais pas à celle-là.* Joyeuse tend la main pour prendre la plume ; mais le duc la jetée avec dépit sur la table après avoir signé et vient se placer auprès de Saint-Paul. Joyeuse signe, ainsi que les favoris et quelques courtisans.

Le roi allant auprès de sa mère, dit : *Oui, Messieurs, signez, signez tous, etc.* D'Épernon se lève de table au moment où le roi lui dit : *Dans toutes les provinces de notre royaume.*

A ces mots : *Sur ce, je vous abandonne à la garde de Dieu, Messieurs,* tout le monde sort dans l'ordre indiqué au 2° acte (Deux huissiers ôtent ce qu'il y a sur la table.) Le roi revient auprès de sa mère, et lui dit : *Êtes-vous contente de moi, ma mère ?* Il lui présente la main pour la reconduire. Après ces mots : *Vous vous chargeriez de m'en faire souvenir... n'est-ce pas ?* la reine remonte le théâtre accompagnée par Henri. Elle sort par la dernière coulisse à droite.

SCÈNE VII.

Nᵒ 1 LE ROI, 2 SAINT-MÉGRIN.

A ces mots du roi qui appele : *Duhald, apporte des épées émoussées.* (Duhald entre par la dernière coulisse à gauche, sort pour aller chercher des épées, et rentre aussitôt en les tenant à la main. A ces mots : *Duhald, donne-nous ces épées,* Duhald fait deux pas en avant.

A ces mots : *Eh bien ; écoute, demain,* le roi fait signe à Duhald de porter les épées dans sa chambre. Duhald sort par la dernière coulisse à droite.

En prononçant ces paroles : *Un talisman sur lequel Ruggieri a prononcé des charmes,* le roi tire de la poche de sa culotte un talisman qu'il remet à Saint-Mégrin.   A la fin de la scène, le roi sort par la dernière coulisse à droite.

SCÈNE VIII.

Nᵒ 1 SAINT-MÉGRIN, 2 GEORGES.

Saint-Mégrin app ele: *Georges! Georges...* Georges entre en apportant un manteau et un chapeau de ligueur. Pendant le dialogue, Saint-Mégrin, aidé par Georges, quitte son manteau, son toquet. A ces mots : *Donne-moi l'épée de Schonberg ; elle est plus forte,* il quitte celle qu'il a à son ceinturon et met à la place celle que Georges vient d'aller chercher dans sa chambre. A ces mots : *Écoute, tu lui donnera cette chaîne,* il quitte la chaîne qu'il a au col et la donne à Georges. *Ces cheveux, demain, etc.* Il tire son poignard et coupe une mêche de ses cheveux. A ces mots : *Donne-moi mon manteau,* Georges le lui présente, ainsi que le chapeau. Au moment de sortir, et en disant à Georges : *Non, embrasse-moi... Adieu, adieu, n'oublie pas ma mère,* il le presse dans ses bras et sort en courant par le fond.

FIN DU QUATRIÈME ACTE.

ACTE CINQUIÈME.

SALON DANS LEQUEL LA DUCHESSE EST ENFERMÉE.

Une lampe allumée sur la table au fond à droite, un fauteuil devant la table, un autre vis-à-vis le 1er plan à gauche.

SCÈNE PREMIÈRE.

LA DUCHESSE DE GUISE, seule. Elle est assise sur le fauteuil devant la table.

A ces mots : *J'ai voulu prier... prier !...* elle écoute en se rapprochant de la porte. *Ah! mon Dieu! non... non, ce n'est pas encore lui.* Elle va à la fenêtre.

A ces mots : *Oh! oui, oui, j'en trouverai... je...* elle écoute, *J'ai cru entendre.* Elle s'approche de la porte.

A ces mots : *Ah! mon Dieu, plus d'espoir !* la porte s'ouvre. La duchesse recule à mesure que Saint-Mégrin paraît en quittant et jetant derrière lui son chapeau et son manteau.

SCÈNE II.

N° 1 LA DUCHESSE, 2 SAINT-MÉGRIN. Il entre par la porte à gauche.

A ces mots : *Imprudent que je suis*, il ferme la porte et jette la clef à terre.

À ces mots : *Tenez, voilà ce bouquet...* il tire de sa poitrine un bouquet de fleurs fanées.

En prononçant ces mots : *Adieu! adieu pour jamais!* il va pour ouvrir la porte.

À ces mots : *N'est-ce que cela, attendez,* il brise la pointe de son poignard dans la serrure. À ces mots de la duchesse : *Mes idées se heurtent, ma tête se brise!* Saint-Mégrin disant : *Cette fenêtre.* Il s'approche de la fenêtre. (Il passe au n° 1, la Duchesse, 2.) À ces mots: *Et si vous mourez, je mourrai avec vous!* elle tombe dans le fauteuil qui est à gauche vis-à-vis le 1er plan. Saint-Mégrin se jette à ses pieds.

En prononçant ces mots : *Avec la haine, j'aurais bravé leurs poignards, etc.,* il se relève. À ces mots : *Ah! ce sont eux! ce sont eux,* il tire son épée, et s'appuyant dessus avec calme. Il dit : *Éloigne-toi, etc.*

La duchesse de Guise après un moment de réflexion, remonte la scène et désigne la fenêtre, en disant ces mots : *Saint-Mégrin! écoutez..., écoutez...* À ces mots : *Et alors vous êtes sauvé,* elle jette ses regards avec inquiétude sur toutes les parties de l'appartement. Saint-Mégrin en disant : *Calme-toi! calme-toi!* s'approche de la fenêtre et regarde en dehors. La duchesse, en disant : *On entend du bruit dans la rue,* se précipite vers la fenêtre, et placée à la gauche de Saint-Mégrin, elle dit : *Qui que vous soyez, au secours! au secours!* Saint-Mégrin l'arrachant de la fenêtre qu'il n'a pas le temps de refermer : *Que veux-tu? veux-tu les avertir?* À ces mots, un paquet de cordes auquel est attaché un billet avec une épingle, tombe à leurs pieds.

Pendant que Saint-Mégrin attache la corde aux balustres du balcon, en disant : *En aurai-je le temps? Cette porte...* on agite la porte, et l'on entend dans la coulisse des voix sourdes, ainsi que le craquement d'une porte que l'on brise. À ce mot de la duchesse : *Attendez...,* elle passe son bras gauche dans les anneaux de fer en remplacement du verrou. Saint-Mégrin revenant de la fenêtre, et voyant l'action de la duchesse, lui dit : *Ah ! Dieu, que faites-vous ?*

Saint-Mégrin retourne à la fenêtre, en disant ces mots : *Tu m'aimeras toujours ?*

Après avoir prononcé ceux-ci : *Adieu !... Vengeance !...* il met son épée entre ses dents, et descend par la fenêtre. La duchesse voyant qu'il est parti, dit : *Mon Dieu ! mon Dieu ! je te remercie, il est sauvé.* Un moment de silence, puis tout à coup des cris et un cliquetis d'armes. *Ah !* Elle quitte la porte et court à la fenêtre. *Arthur ! Saint-Mégrin !* Elle pousse un second cri, et tombe sur ses genoux auprès de la fenêtre.

Lorsque la duchesse a retiré son bras qui tenait la porte fermée, la porte s'est ouverte d'elle-même. Le duc entre après la chute de la duchesse.

SCÈNE III.

N° 1 LE DUC DE GUISE, (il a la tête nue.) 2 SAINT-PAUL, suivi de plusieurs hommes portant des torches allumées.

A ces mots : *Et tu me diras si tout est fini,* le duc s'approche de la fenêtre ; apercevant la duchesse, il dit : *Ah ! c'est vous, Madame, etc.*

A ces mots : *Laissez-moi, Madame, laissez-moi,* la duchesse, un genou à terre, lui prend la main gauche, et dit : *Non, je m'attache à vous.* A ces mots : *Vous pourrez le revoir encore une fois..* il la traîne jusqu'à la fenêtre. (N° 1 Le duc, 2 la duchesse, debout et suppliante.)

A ces mots : *Serre-lui la gorge avec ce mouchoir,* il tire de sa poche le mouchoir brodé aux armes de la duchesse de Guise qu'il a trouvé sur le sofa au 1er acte. A ces mots : *Il est aux armes de la duchesse de Guise,* la duchesse tombe évanouie.

Le duc, après avoir regardé dans la rue, dit : *Bien !* et

maintenant que nous avons fini avec le valet, occupons-nous du maître.

FIN DU CINQUIÈME ET DERNIER ACTE.

Le directeur de la scène, près le Théâtre-Français,
ALBERTIN. [1]

OBSERVATION IMPORTANTE POUR LES DIRECTEURS.

Henri III et le duc de Guise ayant été créés par deux premier rôles, les directeurs pourraient éprouver quelques difficultés pour la distribution. Pour aider à les aplanir, nous transcrivons ici l'opinion de l'auteur et de l'administration à ce sujet.

Dans les troupes qui possèdent un premier rôle tragique et un premier rôle comique, le rôle du duc de Guise doit être distribué au premier, et celui d'Henri III au second, à moins que des convenances particulières ne s'y opposent.

Avec la même restriction, dans les troupes (et ce sont les plus nombreuses) qui n'ont qu'un premier rôle, le rôle du duc de Guise doit lui être distribué, et celui d'Henri III doit l'être au deuxième ou au troisième amoureux, puisque le rôle de Saint-Mégrin appartient invariablement au jeune premier rôle.

Tous les autres rôles de l'ouvrage sont faciles à distribuer d'après les emplois et les convenances du personnel.

(1) En terminant ce résumé, j'éprouve le besoin de déclarer que le goût et l'érudition que le public s'est plu à remarquer dans les détails et l'ensemble du drame de Henri III, sont dus aux conseils éclairés de mon honorable ami le baron Taylor.